AF314652

TRAICTE',
DE ·L'ANTIQVITE',
VENERATION ET PRIVILEGES
de la SAINCTE CHAPPEL-
le, du Palais Royal
de Paris.

Par M. SEB. R. *Aduocat en*
Parlement.

A PARIS,
Chez Thomas de la Ruelle, au Palais sur le
perron deuant la saincte Chappelle.

M. DC. VI.

AV LECTEVR,

CE traitté cõme tu pour-
ras aiſément recongnoi-
ſtre, n'a pas eſté fait tout
expres, ny de propos de-
liberé, pour t'accõplir de
paroles, ce qu'il promet de front. Car
l'Autheur en ce cas, euſt ſuiui tout autre
ordre: & ſe fuſt efforcé d'y apporter les
couleurs & reliefs, que l'õ applique ordi-
nairement aux ouurages, façonneZ a deſ-
ſein d'eſtre expoſeZ au iour. Mais ce diſ-
cours luy eſtant eſchapé par rencontre,
ſur vn proces dont le ſujet l'inuitoit a de-
fendre les priuileges de la Saincte CHAP-
PELLE: Et ayant ſceu qu'aux vns l'eſſay

en auoit pleu par deſſus ſon merite: les autres ſ'eſtoient émeus de la nouueauté de
quelques points touchez en iceluy: Il a de-
ſiré par ceſte ſeconde impreßion ſatisfaire
à tous deux : aux premiers, par quelque
ſurcroiſt d'enrichiſſement : & aux derniers, par la confirmation de certains paſſages, à qui le ſtile du palais, n'aiant permis donner qu'une legere atteinte, par ſa
briefueté auoit cauſé le doubte. Cela n'e-
ſtant ny nouueau ny eſtrange, ſur vne
matiere, qui quoi que rare & precieuſe,
n'a eſté neantmoins iuſqu' a hui miſe en
luſtre. Car bien que pluſieurs perſonnäges
dignes de recommandation, ſe ſoient pei-
nez a rechercher les antiquitez de l'E-
gliſe : & deſcouurir les prerogatiues des
officiers, tant clercs que laiques de ceſte
Couronne. Toutesfois quand c'eſt ve-
nu a parler des Chantres & Chappellains de l'Oratoire du Roy : comme ſi

c'euſt eſté vn dèſtroit inconneu, ils ont ſuſpendu leurs pas, & quitté ce beau champ: pour broſſer par des ſentiers, dont la courſe de vray leur eſtoit plus facile, mais non de tel honneur, ne ſi rare profit. Ce qui m'a faict croire que ce petit labeur te ſera d'autant plus aggreable, que ſi tu conſideres ſa dignité, elle luy vient de luy-meſme: & quiant au fruict, il ſera tel qu'il te plaira d'en recueillir: ſoit comme obligé par deuoir, ou comme y eſtant pouſſé de ton affection. Adieu.

TRAICTÉ,
DES PRIVILEGES
DE LA SAINCTE
CHAPPELLE.

Specialement de l'Exemption de Residence.

POVR M^e. IACQVES GVIL-
lemin, Chanoine de la Saincte Chapelle, & de l'Eglise de Chartres demandeur,

*Contre les Doyen, Chanoines, & Chapitre de
ladite Eglise defendeurs:*

E qu'a dict autresfois Pindare,
que les Dieux & les hommes
sont de mesme nature: mais que
la seule puissance les distingue
& separe,

Se peut proprement adapter aux Eglises de ce Royaume: lesquelles encores
qu'elles soient establies sur mesme fonde-
ment: toutesfois ont des prerogatiues
particulieres, qui les rendent plus augu-

ſtes les vnes que les autres.

Specialement, la Sainᵈe Chapelle du Palais Royal de Paris, fondée par S. Louys, & dediée en Auril. 1248. a ce priuilege ſingulier: que les Chanoines, Chãtres, Chappelains & Clercs y reſidans, peuuent gaigner francs les gros fruits de leurs autres prebendes & beneſices: exceptées les diſtributions manuelles.

Car le préallegué S. Louys l'eſtablit pour ſon premier & principal Oratoire: & y depoſa les Sainᵈes Reliques, qui ſont reputées pour les Ancyles tutelaires de ceſte alme Couronne.

Et adiouſtét tant le Seneſchal de Ioinuille, que Denis de Nangis, en ſa chronique: *in eadem Cappella Canonicos & Cappellanos qui ibidem diuinum ſeruitium celebrare, in perpetuum ab ea inſtitutos fuiſſe: atque magnos reditus eiſdem aſſignatos, ſicut decebat Regiam Maieſtatem: vt inde ſe ſuſtentare poſſent.*

Cauſe que Philippes le Hardy fils dudiᵈ S. Louys, comme imitateur de la pieté de ſon pere: les declara par honneur eſtre du nombre de ſes Commenſaux, & dome-

domestiques, pour iouïr de leur pension viure & entretenement, par tiltre de l'an 1271. dont voicy les mots.

Nos diuini amoris intuitu, Cappellanis Cappellæ nostræ Regiæ Parisiensis concessimus, vt quando in maneriis nostris Parisiis, aut Parisius apud Templum cum Regina vel sine Regina nos morari vel esse ad prandium vel ad cænam contigerit: habeant & percipiant qualibet die vnam liberationem integram, videlicet octo denariatas panis, vnum sextarium vini de vino quod Militibus liberatur, quatuor denarios pro coquina, & duodecim frusta minoris candelæ in perpetuum, &c.

Lesquelles lettres ont este confirmées par le Roy Iean, par chartre du mois de Feurier, 1350.

Et en consideration de ceste domsticité ou commensalité, le Roy Philippes le Long l'an 1316. obtint du Pape Iean.22. lors seant en Auignon le rescrit qui ensuit.

Nos ad Cappellam Regiam Palatij Parisiensis intuitum conuertentes, illámque volentes tui contemplatione, Apostolicis præsidijs communire, ac gratijs honorare condignis.

B

Cappellam prædictam cum perſonis in ea degentibus præſentibus & futuris ab Epiſcopi Pariſienſis & Archiepiſcopi Senonenſis , & ſucceſſorum poteſtate ac iuriſdictione eximimus ac liberamus.

Deinde indulgemus quod cum in Cappella perſonaliter reſederint ſupradicta : fructus, reditus & prouentus aliorum beneficiorum ſuorum canonicorũ cum cura vel ſine cura etiamſi dignitates vel perſonatus exiſtant , cum ea poſſint integritate percipere, quotidianis diſtributionibus duntaxat exceptis, cum qua illos perciperent, ſi in Eccleſiis inquibus illa obtinent perſonaliter reſiderent.

Et ad reſidendum interim in eis minimè teneantur , neque ad id à quoquam valeant coarctari : nonobſtantibus quibuſcumque ſtatutis vel conſuetudinibus quouis iuramento vel confirmatione ſedis prædicta roboratis.

Prouiſo quod eadem beneficia debitis obſequiis non fraudentur, & animarum cura , ſi qua imminet, non negligatur.

Autant en eſt contenu au reſcrit du meſme Pape addreſſé aux Eueſques de Meaux & Abbé de ſaincte Geneuiefue, foubs la mefme datte.

A la fuite defquels priuileges, feroit in-
teruenuë la bulle du Pape Clement 6. ad-
dreffée au Roy Iean, & donnée en Auignon en l'année 1350. qui eft comme la
chartre fondamentale des priuileges d'i-
ceux Chanoines & clercs de la fainéte
Chappelle: caufe que le tableau reprefen-
tant l'image tant dudit Pape que dudit
Roy, en auroit efté mis à cofté feneftre de
l'autel de ladite fainéte Chappelle deffus
la porte de la facriftie d'icelle : pour mar-
que perpetuelle de l'auteur de l'exemption & immunité des Clers qui la deffer-
uent.

Mefmes qu'en pareille confideration
ladite bulle Clementine, fe trouue dans le
vieil ftyle de la Cour au tiltre 44. *de Priui-
legiis Apoftolicis regi conceßis*, §. 58. en ces
mots.

*Vt veftri fucceßorumque veftrorum omnes
Cappellani & Clerici præfentes & pofteri ve-
ftris & illorum obfequiis infiftentes, fructus,
reditus & prouëtus omnium beneficiorü Eccle-
fiafticorum etiam fi dignitates, perfonatus vel
officia fuerint, & curam habeant animarum,*

etiamsi dignitates post Pontificales maiores sint in cathedralibus & in collegiatis principales existant.

Cum ea integritate quamdiu huiusmodi obsequiis institerint, liberè percipere valeant, quotidianis distributionibus exceptis : cum qua illas perciperent, si in eisdem Ecclesiis personaliter residerent, neque ad id inuiti valeant coarctari.

Nonobstantibus quibuscunque Apostolicis ac principalibus constitutionibus & Synodalibus ac statutis & consuetudinibus ipsarum Ecclesiarum, contrariis, iuramento, confirmatione Apostolica, vel quauis alia firmitate vallatis.

Ac etiam si praestiterint iuramentum non vtendi dicto priuilegio non residendi in dictis Ecclesiis.

Et quamuis capitulis dictarum Ecclesiarum concessum sit communiter vel diuisim : vt non residentibus fructus suorum beneficiorum ministrare minimè teneantur.

Nisi in litteris nostris expressè harum tenori derogetur, & harum expressa mentio fiat.

Prouiso quod beneficia huiusmodi debitis non fraudentur obsequiis, & cura animarum ſi qua immineat, non negligatur.

En conſequence de laquelle Bulle, le meſme Pape en auroit decerné vne autre qui exempte leſdits Chanoines Chappelains & Clercs de ladite ſainɕte Chappelle (au cas qu'ils tiennét Cures,) de l'aſſiſtance aux ſynodes de leurs Dioceſains.

Toutes leſquelles bulles & autres innumerables ont eſté confirmées par les Papes ſubſequers, & par nos Rois de temps en temps.

Notamment par le Roy François premier ſelon ſes patentes du 7. Decembre 1536. & par le Roy Henry 2. auec verification & regiſtrement de la Cour en Feurier 1552.

Tellement que ledit Guillemin ayant eſté pourueu dés l'année 603. d'vne Chanoinie de la ſainɕte Chappelle, par la reſignation de Maiſtre Philippes Deſportes ſon oncle : & y ayant par luy actuellemét reſidé & fait le ſeruice ſi publiquemeut & notoirement, que leſdits Deffendeurs n'en ont peu pretendre iuſte cauſe d'ignorance.

Sans doute ils ont tort ſous ombre du

defaut de residence en leur Eglise, dont ledit Guillemin est aussi Chanoine, de le vouloir priuer des gros fruits qu'il pretend luy appartenir, suiuant les priuileges que dessus, à la reserue des distributions manuelles.

Non que ledit Guillemin vueille reuoquer en doute l'antiquité, saincteté & veneration de ladite Eglise de Chartres, dont *Cuillermus Brito* qui a escrit la Philippide ou vie de Philippes Auguste, y a quatre cens tant d'années, a dit elegamment : & les vers duquel seront d'autant plus volontiers recitez, que le Poëte en est rare.

> *Vrbs quoque Carnotum, quam ciuis tam*
> *   numerosus,*
> *Tamque potens Clerus, & tam prædiues*
> *   opimant,*
> *Ecclesiaq; decus, cui schemate, mole, decore,*
> *Iudicio par nulla meo reperitur in orbe,*
> *Quam quasi postpositis specialiter omnibus*
> *   vnam*
> *Virgo beata docet Christi se mater amare,*
> *Innumerabilibus signis gratóque fauore:*

Carnoti Dominam se dignam sæpe vocare,
Cuius & interulã cuncti venerantur ibidẽ,
Quæ vestita fuit partum cũ protulit Agnũ.

Tellement que comme le Demandeur desire à son pouuoir maintenir pour ce regard la dignité de ladite Eglise, encores moins voudroit-il se mettre en teste de debattre ou impugner les priuileges du Chapitre d'icelle.

Mais il soustient qu'en concurrence d'iceux: les priuileges de la Saincte Chappelle pour l'exemption de residence, & gaing des gros fruicts: doiuent cõme plus forts & plus puissans emporter le dessus, *cap. volentes de offic. legat. can. quæ contra 8. distinct. can. denique 21. distinct.*

Ne plus ne moins qu'au dire de Macrobe: Mercure qui quelquesfois dans les Poëtes signifie le Soleil : est par eux appellé ἀργφόντης, non pour auoir tué Argus: mais pource que par sa grande splendeur, il offusque, & par maniere de dire tue ἄργον, c'est à dire le ciel marqueté de petites estoiles qui sont comme ses yeux.

Aussi n'est-ce chose absurde au dire de S. Basile, qu'encores que les membres de noſtre corps ayent meſme fonction ſelon leur habitude : neantmoins les vns nous ſoyent plus precieux & plus chers que les autres ἔςιν ὁμῶς ἕτερα ἑτέρων τιμιώτερα μέλη.

Et ce relief plus digne ſelon la remonſtrance de Pythagore dans Iamblique doit préualloir à ce qui l'eſt de moins: μᾶλλον τιμητέον τὸ προηγούμενον ἢ τὸ ἑπόμενον : comme les montagnes ſ'eſleuent par deſſus les vallées.

Or ladite ſaincte Chappelle eſt le principal & plus eminét oratoire de nos Rois, honoré de leur aſſiduelle & auguſte preſence : de ſorte que l'on peut dire auec Pline à Trajan *Deum publicè ibi coli, qui alibi colitur pietate priuata.*

Ioinct que la cauſe de l'exemption eſt que les Chanoines Chappelains, Chantres & clercs de ladite Saincte Chappelle, faiſants ſeruice à Dieu & au Roy en icelle, ſont reputez preſens en toutes les Egliſes de leur Royaume, ſelon l'obiect infini qu'ils ont deuant leurs yeux.

---Deum namque ire per omnes.
Terráſque, tractûſque maris cælúmque profundum.

Et

Et à l'imitation de ceſte toute preſence diuine, vn Romain diſoit à l'Empereur
Commodus, *Romam ibi eſſe vbicunque Im-*
perator eſt , comme l'Empereur Auguſte,
non aliter vniuerſos, quam membra partéſque
Imperij curæ habebat , & ainſi que l'Empereur Trajan, *velociſſimi ſideris more, omnia*
inuiſebat, omnia audiebat, & vndecumque in-
uocatus, ſtatim velut numen aſſiſtebat.

Tellement que l'on peut alleguer pour
raiſon deſdits priuileges, que le Prince ſer-
uant Dieu localement , dans ſon premier
& principal oratoire: eſt par communica-
tion dãs toutes les Egliſes de ſon Royaume, deſquelles par le droit Oriental il eſt
appellé κοινὸς ϵ̓πιϛημονάρχης, commũ dire-
cteur : & conſequemment tous les Chanoines, Chantres, Chappelains & Clercs
qui luy aſſiſtent.

Ou pluſtoſt, de la façon qu'au dire de
ſainct Denys en ſa cœleſte Hierarchie,
& au liure *de diuinis nominibus,* enſemble
Iamblique qul l'a pris de lui , au liure *de*
myſteriis: les dieux ſont par tout, par la dif-
fuſion de leur lumiere, ſans qu'elle ſoit di-
uiſée ne ſeparée d'eux , non plus que les

rayons du corps du soleil.

Et que les Anges deftinez au minifte-re des Hymnes & chants de louange de la diuinité, *dicuntur effe in loco, non tamen de loco circumfcriptiuè* : pource que leur mou-uement appellé par Sainct Denys, mental & circulaire , les rend prefens par tout, tant de volonté que par communica-tion.

De mefme , entant que les puiffances diuines fe peuuent accommoder *humanis Iouibus* , qui reprefentent l'image de Dieu en terre, l'affiftance qu'ils rendent au fer-uice Ecclefiafticq en leur principal ora-toire, eftend leurs vœux plus outre, com-me diffus par toutes les Eglifes de leur fondation.

Car l'oraifon pour cette caufe eft comparée à l'encens, d'autant qu'elle fe-fpand comme luy, qu'elle f'accroift qu'el-le fe dilate, remplit la terre, penetre le Ciel, & darde fes traicts iufqu'aux lieux , ef-quels le corps ne peut approcher ni at-teindre.

Si ce n'eft qu'on vueille dire que l'e-fprit qui conçoit la priere , le cœur qui la

medite, la langue qui la profere, & la voix
qui l'entonne prennent des aifles de l'a-
mour pour la fuiure , pour la pourfuiure,
& ne s'efcarter d'elle , toutes par tout &
toutes en chaque partie.

De forte que comme le Roy priant en
fa CHAPPELLE *complet omnia vi fua* pour
emprunter ces termes d'Arnobe *non par-*
tialiter vfquam, fed vbique eft totus, non adeft
non abeft , le mefme eft-il des lignes qui fe
meuuent quand & quand *art. fuperfi-*
cie.

Et le feruice que leur font affiduement
fes Clers & Orateurs ne determine leur
prefence dans les enclaues de fon feul
Oratoire, ains par affection & participa-
tion les rend prefens dans toutes les Eglifes où ils ont des benefices, *nam cùm fa-*
pienti data eft digna eo fedes , id eft mundus,
difoit Seneque, *non eft extra Rempublicam,*
fi fecefferit , imo fortaffe relicto vno angulo, in
ampliora & maiora tranfit.

C'eft à dire qu'il ne faut reputer pour
abfens les Chanoines , Chappellains,
Chantres , & Clercs de la chappelle du
Roy , qui ne refident fur leurs autres be-

nefices, pour ce qu'ils feruent le Prince &
pere commun, en fon premier & plus au-
gufte oratoire.

Et tout ainfi que fa perfonne com-
prend fous foy celle de tous fes fubiets, τὸ
γὰρ ἔσχατον κορυφῦται τοῖς βασιλεῦσι dit Pindare, au cas pareil le feruice qui luy eft
rendu, eft reputé pour fatisfaction fuffi-
fante à tous les deuoirs dont on peut
eftre tenu & obligé ailleurs : Attendu que c'eft vne paction generale de la fo-
cieté humaine d'obeyr à fon Prince toutes autres affaires poftpofees *C. quæ contra
8. diftinct.*

Ne plus ne moins que les Cardinaux
affiftans le Pape en la manutention du S.
fiege, comme patrices & collateraux d'i-
celuy, font reputez de cœur & d'efprit,
defferuans les Eglifes dont ils font efloi-
gnez de prefence corporelle. *Hoftienfis cap.
Ecclefia 2. cap. fundamenta §. decet de elect.
in 6. Albericus l. nihil ff. de cap.*

Ou de la mefme façon, que les Con-
feillers clers de la Cour, pendant le temps
qu'ils feruent le Roy en icelle, font prefu-
mez feruir leurs Eglifes, par equiualent,

ores que leur corps en ſoit bien eſloigné:
& dont il y a arreſt de l'an 1550. pour Cha-
banier, vn autre de l'an 1573. & de l'an
1577. pour monſieur Saueuſe, auec pluſieurs ſemblables.

Et partant ce priuilege d'exemption
affairât auſdits Chanoines, Chappelains,
Chantres, & Clercs de l'oratoire du Roy,
eſt d'autant plus fauorable que beaucoup de corps Eccleſiaſtiques, moindres qu'eux iouïſſent de pareille prerogatiue.

Attendu que par bulles du Pape Pie 2.
les Chanoines de l'Egliſe cathedrale d'A-
miens, gaignent francs les fruicts de leurs
benefices, bien qu'ils ne reſident ſur iceux,
ſinon qu'entant qu'ils deſſeruent l'Egliſe
matrice, ils ſont cenſez rendre leur deuoir aux fillettes.

Ce meſme paſſedroict a eſté octroyé
au Chapitre de l'Egliſe de Sens, par lettres
patentes de l'an 1562. en Iuillet, verifiees
par la Cour en Decembre enſuiuant.

Ainſi Bohic rapporte ſur le chapitre
Deus, ext. de vita & honeſtat. que le Prieur
Sainct Martin des champs à Paris, & l'Ab-

bé de Sainᛳ Euuertre à Orleans, gaignent francs les fruiᛳs de leurs prebendes, l'vn en l'Eglise noſtre Dame, l'autre de sainᛳe Croix.

Et par conſequent leſdits Doyen, Chanoines & Chapitre de Chartres, doiuent reputer ledit Guillemin pour resident en leur Eglise, de la meſme preſence que deſſus: entant qu'il faiᛳ ſa charge & fonᛳion Ecclesiaſtique en ladiᛳe sainᛳe Chappelle, au Prince commun des vns & des autres. *Non enim* au teſmoignage de Caſſiodore *vnius loci vir debet dici, à quo multa videntur impleri.*

Ioint que puis que le Prince comme le ſoleil n'a point de maiſon arreſtee *totámque infuſa per artus mens agitat molem:* ny auſſi les Chanoines & Chappellains de ſon oratoire qui le ſeruants où il luy plaiſt ſont cenſez faire ſeruice aux autres Egliſes de ſa protection.

Ou ſi on les veut tenir pour abſens, ce qui ne doit eſtre: tant y a que c'eſt vne abſeuce *reipub. cauſa,* & qu'ils ſont comparez *militibus temporalis militiæ,* partant leur abſence tenuë pour preſence, ne leur doit porter aucun dommage, *l. Miles. ff. ex quibus causis maiores, l. si maritus, ff. ad l. Iul. de adult. & l. Pannonius, ff. de acq. vel amitt. heredit.*

Et de fait par la Chartre préalleguee du Roy Philippes le Hardy, lesdits de la saincte Chappelle doiuent auoir pitance & vin, *quale militibus distribui solet.*

Ce qui demonstre qu'ils sont comparez *Militibus armatæ militiæ,* comme au canon *Christianus causa 11. quest. 1. Clerici cælestis militiæ nuncupantur.*

Consequemment leur pretenduë absence doit estre reputee pour presece, *quia reip. causa.*

Ou du moins, suffit qu'ils s'acquitent de leur deuoir esdites Eglises *per substitutos:* quelque priuilege que lesdits de Chartres se vantent d'auoir au contraire.

Car les Bulles préalleguees de Iean 22. & Clement 6. derogent à tous lesdits statuts, coustumes & priuileges d'Eglise, quelque serment qui les munisse. Et d'ailleurs lesdictes bulles permettent, *dicta beneficia non fraudari debitis obsequijs: quod alioqui licet per substitutum l. ad similitudi-*

nem, de Episcopis & cleric.cap.fraternitati.de cleric.non residentibus, & tota dist.94.

Côme nous apprenôs de *Matthæus Parisius* historié Anglois,que le papeInnocent rescriuit de son temps à l'Euesque de l'Incolnie : *vt in Curis quas habebant Monachi, vicarios eis substituere liceret.*

Et d'auantage, affin de ne se retirer de la comparaison de la Milice:*sub Iuliano con ductis vicarijs operis quid opus erat militi facere licebat*, auec ce qu'escrit Lampride, que sous Seuere : *qui salaria percipiebant per substitutos seruire vel eo indignante solebant.*

Et de vray:côme le porte la preface des bulles préalleguees,les Chanoines,Chappellains, Chantres & Clercs de l'oratoire du Roy, soit pour leur antiquité, ou pour leur dignité : meritent bien de ioüir de quelques faueurs extraordinaires.

Car depuis que nos Rois, meus d'vne singuliere deuotion vers sainct Martin, grand patron des Gaules, *quemque Clodouæus bonum in adiutorio expertus est* : commencerent de prendre sa CHAPPE, pour leur préseruatif & sauuegarde:& qu'ils eurét dressé vn oratoire en leur Cour, lequel

fut

fut appelé CHAPPELLE, a cauſe de ceſte
CHAPPE de ſainct Martin, qui y eſtoit có-
ſeruee auec grande veneration: Ainſi que
l'eſcript Walafrid Strabon *cap. vltim. de
exord. rerum Eccleſ.*le Moine de ſainct Gal,
que l'on eſtime auoir veſcu vers le temps
de Charlemaigne, *Beatus Renanus, & Præ-
poſitus in can.presbyter 23.diſtinct.*

Touſiours ladicte CHAPPELLE leur a
ſerui de Sacraire domeſtique: touſiours ils
ont voulu que leur Couronne, Sceptre, &
ameublemens Royaux fuſſent gardez
parmy les precieux ornemens d'icelle,
comme par forme de bon heur, & pour
plus grande benediction.

Teſmoin ce qu'eſcript ſainct Gregoire de Tours au 6.liure de ſon Hiſtoire: que
le Roy Chilperic aiant baillé ſerment a
ſon frere de ne venir à Paris ſans luy, a peine de malediction : & eſtant contrainct
pour quelque vrgent affaire, d'y venir ſeul
vers les feſtes de Paſques: pour deſtourner
de ſon chef la peine de telle imprecation,
RELIQVIAS *præcedere iuſſit*, qui eſtoit ſans
doubte ſa Chappelle, qu'il fit marcher deuant luy, compoſee de tels preſeruatifs.

D

Et en vn autre endroit le mesme S. Gregoire adiouste : que quãd lesdits deux freres firent le serment preallegué, auec l'imprecation que dessus : ce fut entre autres clauses, que S. Martin seroit le vengeur & retributeur de celui qui fausseroit la foy si sainctement baillée.

Ce qui demonstre la grande confiance qu'ils auoyent en ce diuin Patron: puisque sa C H A P P E marchoit, ou estoit portée deuant eux pour Phylactere, qu'ils l'appelloient pour tesmoing à leurs sermens plus solennels : qu'ils comptoyent mesmes leurs années *à die transitus eius*, tesmoin *Aimonius lib. 1.cap. vlt.* & specialement que soubs la secõde race, du moins soubs Louys le Debonnaire, nos Rõis tenoyent les assemblées plus celebres de leurs parlemens, *ad missam Sancti Martini*, comme parle l'ancienne Chronique, *id est ad festum Sancti Martini*: laquelle solennité se garde encores de present.

Mais pour retourner à nostre Chappelle: Eghynard Secretaire de Charlemagne, & digne seruiteur d'vn si grand Monarque:rapporte de lui que par son testament, Cappellam *id est Ecclesiasticum ministerium diuidi prohibuit.*

Nitardus petit fils du mesme Empereur, parlant en sa Chronique de la CHAPELLE qui fut apportée comme par miracle à Charles le Chauue, estant lors à Troyes, le iour du ieudi absolu : *repentè* (dit il) *apparuerunt ab Aquitania missi, qui Coronam, & omnem ornatum tam regium quàm quicquid ad diuinū cultū pertinebat, afferebāt.*

Vn autre ancien Historien, parlant de Raoul fils du duc de Bourgongne, & Roy de France : *sepultus est* (dit-il) *apud Senonas in monasterio sanctæ Columbæ virginis, & reliquit ibi suam Coronā & CAPPELLAM, altari, calicibus, Phylactijs, libris auro & argēto decoratis, alijsque insignem ornamentis.*

Le preallegué *Matthæus Parisius*, moine de S. Aulbain d'Angleterre, & qui estudioit en l'vniuersité de Paris du temps de S. Louys : *Rex Franciæ* (dit-il) parlant d'iceluy : *Tartarorum principi Christiano facto CAPPELLAM suam transmisit cum Reliquijs pretiosissimis.*

Et le mesme Historien faisant mention de la bataille perdue en Xaintonge, par Henry III Roy d'Angleterre son maistre,

amiſit (dit-il) CAPPELLAM *ſuam, id eſt om-*
nia ornamenta ſacerdotalia pretioſiſſima , &
multa alia quæ longum eſſet narrare.

Deſquels textes & autres qui ſeront
retranchez pour cauſe de briefueté , on
peut aiſément colliger, que la CHAPPEL-
LE de nos Rois a touſiours eſté comme
l'Aſyle de leur protection : qu'ils ont per-
petuellement voulu meſler leurs habits
Royaux, auec les ornemens d'icelle, de
peur de malencontre : & y ont eu plus de
confiance que les Payens en leurs Lares
ou dieux Preſtites tels appellez.

Præſtarent oculis quod bona cuncta ſuis.

Auſſi à meſme intention : & afin que
cet auguſte Palladiũ fuſt manié de mains
condignes: ils ont touſiours fourni ladite
Chappelle de Clercs & Orateurs, qui ont
continuellement excellé, ou en nobleſſe
eminente, ou en pſalmodie, ou en ſaincte-
té de vie, ou tous les trois enſemble.

Attendu que pour repaſſer ſur la premiere race de nos Rois qui ont eu vn O-
RATOIRE, tant par les paſſages de Sainct
Gregoire que deſſus: qu'auſſi par vn autre
ou il diſcourt de quelques Aſſaſſins , *qui*

iuxta Regis ORATORIVM *adprehensi sunt*:Et dõt sensuit qu'ils ont aussi eu des CLERCS pour le garder & desseruir : desquels les doctes entendent ce lieu du mesme autheur liure 8.chap. 29. ou il parle *de* CLE-RICIS *à Fredegunda mißis*.

Il est certain pour venir à la seconde lignée : que Charlemagne eut Hildoad, Zacharie, & Folrad ou Fourré pour ses Archichappellains : dont le premier fut enuoyé au Pape Leon en ambassade : le second porta des presens au sainct sepulchre:& le troisieme introduisit la Psalmodie Romaine en France , auec le Cantique *ciues Apostolorum*, que le Pape auoit fait chanter deuant Charlemagne à son entrée dans Rome.

Comme aussi Louys le Debonnaire enuoya Arlebad son Archichappellain au deuant du Pape Estienne, & pareillement deputa Hondulf son Archichappellain (autrement appellé par l'historien Adelmar , *sacrorum scriniorum Prælatus*) pour la fabrique des Orgues de son Oratoire, pour ce que lors elles estoyent peu cogneues en France.

Outre lesquels nous trouuôs que Hilduin Abbé de Sainct Germain des préz fut maiftre de la CHAPPELLE dudit Empereur. Et Dreux fon frere Archeuefque de Metz & Archichappellain du Palais: lequel peu auparauant le deces d'icelui fit l'inuentaire de fa CHAPPELLE & garderobbe meflees enfemblement, ainfi que rapporte vn vieil hiftorien Anonyme: *Iuſſit venerabili Drogoni fratri suo, vt miniftros Cameræ suæ ante se venire faceret : & rem familiarem quæ conftabat in ornamentis regalibus, scilicet coronis & armis, vafis, libris, facerdotalibúfque veftibus, per singula describi iuberet.*

Sans omettre ce qui eft rapporté de Guenilon Archeuefque de Sens, & Archichappellain de Charles le Chauue, *quod more Clerici liberi se ei in Cappella commendaſſet.* C'eft à dire qu'il eftoit de la qualité des Clercs francs & libres, & non fubiects aux Euefques.

Au cas pareil, l'Archeuefque de Rheims Hincmarus, parlāt de *Apocrifiario, is eft* (dit il) *quem noftrates Cappellanum, vel Palatÿ cuftodem appellant: qui omnem Clerum fub cura & dispositione sua regebat.*

Auquel propos Walafrid Strabon au liure & chapitre preallegué: *sunt illi* (dit-il) *quos summos Cappellanos Franci appellant, Clericorum causis Prælati.*

Loup Abbé de Ferrieres en l'Epistre 25. parlant *de Clericus istis Palatÿ*, il les descrit pour si hauts & si puissans Seigneurs, *vt diuersorum Cænobiorum dominium sibi poscerent.*

Et nõ seulemẽt en Frãce: mais és autres païs tout de mesme : puisque l'Empereur Othon voulant faire sçauoir à nostre Hue Capet, qu'il le viendroit bien tost trouuer pres de Paris, auec puissante armee: il luy manda par forme de brauerie, qu'il feroit chanter vn *Alleluya* sur Mont-martre, par tant de Clercs: qu'il le pourroit entendre de Paris.

Mais à peine se pourroit - il trouuer Royaume auquel tels Chantres & Chappellains ayent eu plus de credit, qu'en celuy d'Angleterre.

Car premierement quand à la Chappelle du Roy: c'estoit le lieu destiné pour faire les Electiõs des Euesques & Arche-

uesques,&pour y receuoir par le Roy leur
sermēt de fidelité, comme dans leur plus
auguste sanctuaire, *in Cappella regis*, dit l'historien Anglois, *fient electiones de consensu
regis, & faciet electus homagium, & fidelita-
tem regi sicut domino ligio, saluo ordine suo
priusquam consecretur.*

D'ailleurs s'il y auoit audit Royaume
quelque Euesché ou Archeuesché vacāt,
c'estoit pour ces chappellains du Roy, ou
de la Royne. *Mortuo Dunelmensi Episcopo,
Rex Episcopatum dedit Lucio Cappellano suo,*
dit le mesme. *Et Godifridus reginæ Cappellanus factus est Episcopus Bathoniensis.* Et en
vn autre endroit, *diuina mysteria in Cappella Imperatoris celebrauit Cappellanus Angli-
cus, vnus ex custodibus* RELIQVIARVM.

Bref, ce vieil historien Anglois rapporte, que tels Chappellains estoient en si
grand credit & authorité, qu'ils ne vou-
loiét recognoistre que le Roy, ny presbér
serment à autre qu'à luy. Tellement que
Thomas Chappellain de Henry III. ayāt
esté fait par luy Archeuesque d'Yorc, *obe-
diētiam Anselmo præstare recusauit, & persti-
tisset, nisi ei dictum fuisset ex antiqua consue-
tudine deberi.*

Ce

Ce qui deſcouure les grandes prerogatiues qu’ont touſiours eu ces Clercs du Palais ou de l’Oratoire du Roy.

Comme auſſi telles chappelles priuées n’eſtoient permiſes qu’aux grands Rois, pour la commodité de leur ſeruice: ainſi qu’aux Iuifs leurs *Proſeuchæ* qui ſuppleoiét au defaut du Temple: ainſi qu’aux Empereurs Romains leurs Laraires pendant le Paganiſme, & leurs εὐκτήριοι οἶκοι, depuis le Chriſtianiſme, ou leurs autels portatifs, appellez par le venerable Bede, *Tabulæ altaris vice dedicatæ cum vaſculis ſacris.*

Dont ſeroit venue ceſte conſtitution que nous liſons dans les capitulaires de Charlemagne *lib.5.cap.182.Placuit nobis vt ſicut ab epiſcopis & reliquis ſacerdotibus, ac Dei ſeruis admoniti fuimus:ne cappella in noſtro Palatio, vel aliubi ſine permiſſu Epiſcopi, in cuius eſt parochia fiant,* auec ce qui en eſt dit *can.5.Synodi Aquiſgr. can. 5.Syno. Rhemenſ.* & ailleurs.

A quoy ſe ſont depuis conformez l’extrauagante *ad conditorem, de verbor.ſignific.cap.authoritate de priuilegijs in 6.* & le chapitre *nobis de iure patron.*

Somme : qu'encores que par laps de temps, les Princes & seigneurs ayent basti des chappelles *in castris & grangijs,* à l'exemple de nos Rois : *can. Eleutherius 18. quæst.2. cap.vlt. de censibus. cap.cum cappella dŭcis Burgundiæ, e de priuileg. c.concedimus, de consecrat. distinct.1.* & autres.

Si est-ce que le tiltre de Saincte Chappelle est demeuré à celle de ce Palais Royal : tant à cause des sacre-sainctes Reliques qui y ont esté deposées par Sainct Louys :

Qu'aussi, pource que la premiere origine d'icelle, auroit commencé par ladite Sacre-saincte Chappe de sainct Martin, *quam secum ob sui tuitionem & hostium oppreßionem iugiter in bello portabant,* & SANCTA *sua, vel patrocinia* SANCTORVM *appellare solebant.* comme Sigebert en sa Chronique les nomme *Phylacteria ex reliquijs Martyrum :* parlant d'vn Lambert & autres seigneurs qui és iours de bataille, les auoyent auec eux pour leurs preseruatifs.

Comme ce Roy d'Orient, dont fait mention *Aimonius Monachus lib.3.cap.68.*

qui eſtoit inuincible a ſes ennemis, pour ce qu'il portoit en guerre, vn oſſement des reliques de ſaint Sierge, attaché à ſon bras.

Et leſquels oſſemés aiãs eſté depuis depoſez en vne Chappelle deBordeaux, baſtie a cet effect par vn Efron Syriẽ, elle fut miraculeuſemét preſeruee du feu, parmy l'incendie public de preſque toute la ville.

Ainſi la deuotiõ de nos anceſtres eſtoit du tout aux reliques des ſainéts, recours à l'Epiſtre de ſainét Gregoire, par laquelle il expoſſe auoir enuoié des reliques de ſainét Pierre & ſainét Paul à la Royne Brunehaut qui les auoit inſtamment demandees pour ſa ſauuegarde.

Et ſainéte Radegonde, au rapport de ſaint Gregoire de Tours, enuoia querir au Leuant vn morceau du bois de la vraye CROIX, qui fut depoſé en l'abbaye de Poitiers, appelee pour cete cauſe du tiltre de ſainéte Croix.

He! qui ne ſcait que c'eſt le principal ioyau de ceſte Baſilique auec la Courône d'eſpines, & tant d'autres ſainéts Reliquaires, qui ont ſerui a noſtre redemption?

E ij

Voyla pourquoy elle est appelee sain-ɣte Chappelle par excellence, & priuati-uement à toutes autres.

Encores que par la preface de la Prag-matique, la Chappelle de Bourges soit appelee *Sancta*.

Car c'est à cause q lors que les Anglois tenoient Paris: Charles septiesme qui lors residoit à Bourges, la tenoit pour subro-gee au lieu de celle de Paris.

Qu'ainsi soit, le glosateur de ladite Pragmatique, au passage préallegué, re-cognoist iugenuement que la Cour n'a iamais voulu souffrir de son temps, que l'on appelast du mot de saincte Chappel-le, autre que celle de Paris.

Et ç'a tousiours esté la singuliere de-uotion des Roys & princes estrangers ve-nans en ceste ville: que de voir le precieux thresor des sainctes Reliques qui y sont cherement gardees, & non sous autre clef que de celle du Roy.

Tesmoin ce qu'escript ledit *Matheus Parisius* que quand Henry III. Roy d'An-gletetre vint voir sainct Louys en ceste ville, *desiderauit præcipuè videre sãctam Cap-*

pellã Pariſius, innumerabilibus reliquiis deco-
ratam. Et ainſi en ont faict en nos iours
tous les autres Princes & Princeſſes e-
ſtrangeres.

Specialement pour ſencliner à l'ado-
ration de la vraye CROIX, qui reſte en ce
Sanctuaire:laquelle n'y fait moins de mi-
racles, que celle qui tous les ans le Ven-
dredy aoré eſtoit (côme icy) venerce par
grãdemultitude de peuple,en la ville d'A-
pamee, au rapport de Procope,& de Ni-
cephore.

De ſorte, qu'il n'y a lieu d'enuier aux
Chantres, Chanoines, Chappellains, &
Clercs dudit Oratoire,les preeminences,
& prerogatiues, dont les Papes & Rois
les ont honnorez: ſpecialement pour l'e-
xemption de reſidence és autres benefices.

Car comme nous apprenons du premier des Paralipomenes chap. 25. que
Dauid auoit les enfans d'Aſaph, Heman,
& Idithun, *qui prophetabãt iuxta eum,* c'eſt
à dire, ſuiuant la phraſe Hebraique, qui
chantoient & pſalmodioient touſiours à
ſes coſtez.

E iij

{39}

Et tout ainſi que les Rois de Perſe, tenoient leurs Mages pres d'eux, à ceſte fin,
ὑμνεῖν τε ἀιεὶ ἅμα τῇ ἡμέρᾳ τοὺς θεὺς, καὶ θύειν
δ' ἑκάστην ἡμέραν, οἷς οἱ μάγοι θεοῖς εἴποιεν, au
rapport deXenophon 8.de ſaCyropædie.

De meſmes, voires auec beaucoup plus
de pieté & deuotion : nos Rois ont touſ-
jours eu les Clercs, Chantres, & Chapel-
lains de leurOratoire,pour loüerDieu in-
ceſſamment, de ce qu'il leur a tranſ-mis
l'onction,& benediction de ces Rois d'Iſ-
raël, leſquels il a tenus pour ſes plus fa-
uoris.

Et ceſte Pſalmodie leur eſtoit ſi aggreable : qu'au recit de noſtre hiſtoire, Louys
le Debonnaire, le Roy Robert, & autres
ſen meſloient des plus auant.

Et comme Louys d'Outremer ayant
veu Foulques Comte d'Anjou, chanter
en ſon Egliſe parmy les Preſtres, ſen fuſt
pris à rire: Foulques luy enuoya dire qu'-
entre vn Aſne couronné,& vnRoy igno-
rant n'y auoit point de difference.

Quoy qu'il en ſoit: comme en la Hierarchie celeſte au rapport de Sainct Denys, ceux qui chantent les loüanges de

Dieu, les plus proches de son throsne :
sont en plus haut degré, que ceux des or-
dres inferieurs.

Ainsi les Chanoines, Chantres, Cha-
pellains & Clercs de la saincte Chappelle, qui ont cet honneur, que de celebrer
le diuin seruiec aux costez du Roy Tres-
Chrestien: meritent des Priuileges, & pas-
se-droicts extraordinaires, ne plus ne
moins que les autres sortes de personnes,
qui sont de plus pres illustrees des rayons
de ceste Auguste Majesté :

Sunt stellæ procerum similes, sunt proxima
    primis
Sidera, suntque gradus, atque omnia iun-
    cta priori.

N'estant raisonnable icy de faire di-
stinction entre la saincte Chappelle, &
l'Oratoire ambulatoire du Roy: non plus
qu'entre le Parlement jadis ambulatoire,
& auiourd'huy sedentaire: Car c'est tous-
jours mesme corps, & la saincte Chappelle est la vraye matrice, dont sont tirez les
Officiers de l'Oratoire qu'il a pres de soy,
pour sa commodité particuliere : recours
au texte des Chartres prealleguees.

D'autant que celle dudit Philippes le Hardy, fils de sainct Louys, porte que lesdits de la S°. Chappelle doiuent auoir pareille distribution, que les Commensaux & domestiques: soit que le Roy reside *in manorijs suis Parisius*: c'est à dire au vieil Chasteau de l'Isle, où de present est le Palais: *siue foris*, dans la forteresse du Temple, qui depuis Philippes le Bel a esté vn long temps le seiour de nos Roys.

Tellement que le seruice desdits Châtres & Chappellains de la saincte CHAPPELLE, n'est point simplement lié, ny enfermé dans le pourpris d'icelle, ains s'estend par tout où le Roy se transporte.

Qu'ainsi soit depuis l'an 765. que Pepin le Bref côquit la Guienne, & fit pour son Archichappellain, Aplon Euesque d'Angoulesme: lesdits Euesques d'Angoulesme ont tousiours voulu pretendre estre maistres de la Chappelle du Roy, tât qu'il est en Guienne.

Aussi *Aymoinus Monachus*, dit que l'Eglise de nostre Dame d'Aix en Allemagne, *quam Basilicam vocat, dicebatur Cappella*, comme tenant lieu de Chappelle à l'Empel'Empereur Charlemagne.

. Et Sigebert en sa Chronique d'enui-
ron l'annee 1190. parlant *de Canonicis san-*
cti Petri de Curte: ibi, dit-il , *est Cappella re-*
gis apud vrbem Cœnomanensem.

D'ailleurs nous lisons dans les Chartres de l'Eglise sainct Innocent de Paris:
que le Roy Louys onziesme l'auroit esta-
blie pour sa Chappelle , par vne singuliere deuotion qu'il portoit ausdits SS. In-
nocens, au recit de Commines.

Mais tout ainsi, que quelque part que
le Roy face giste , le Louure est tousiours
son Chasteau : & le Palais son perpetuel
domicile : Ainsi la saincte CHAPPELLE
demeure tousiours sa CHAPPELLE matrice, sa CHAPPELLE ordinaire.

De mesme que le Tabernacle d'Israel,
qui auoit esté porté par les deserts, estant
fait stable & permanent, par l'edification
du Temple de Hierusalem : ne changea
pour cela de son estre premier.

Et ce que le Roy ne prent à son seruice
qu'vne partie des Chantres de laditte
saincte CHAPPELLE : est de peur qu'elle
ne soit degarnie ny delaissee du tout.

F

Mais quand ce vient à ſes proceſſions
ſolennelles : ils ſe rallient, & marchent
touts enſemble aux coſtez du Roy : tellement que ce ſeroit vne grande abſurdité,
que de les penſer bigarrer en leurs prerogatiues.

Comme pareillement n'y auroit appa-
rence de pretendre que leſdits priuileges
ayent eſté ſeulement octroyez aux com-
pagnons Chantres, non aux Chanoines
leurs maiſtres & ſuperieurs.

Car ils ſont eſgallement compris aux
termes de la fondation rapportée cy deſſus de la Chronique de Nangis : *In eadem
Cappella Canonicos & Cappellanos, qui ibidem diuinum ſeruitium celebrarent, inſtituit:*
Auſſi ſont-ce les Chanoines qui celebrét
principalement le diuin ſeruice en ladite
ſaincte Chappelle quand le Roy y eſt,

*O quantum populo ſecreti Numinis addit
Imperÿ præſens ſpecies, quantamque rependit
Maieſtas alterna vicem.*

Or la maxime de droict porte, *dictio-
nem eandem, plura determinabilia reſpiciétem,
determinare ea vniformiter l. iam hoc iure §.
ſed ſi aliter, vbi Barthol. & omnes l. Titius*

ff. de vulg. & pupill.

Ou pluſtoſt ce ſeroit vne abſurdité de priuileger dauantage les Chantres ſimples, que les Chanoines leurs ſuperieurs: veu qu'ils ſont comme Senateurs & aſſeſſeurs du Threſorier, qui par priuilege exerce la charge, & porte les ornemés Pontificaux entr'eux, Croce, & Mître, ores que d'ailleurs il ne fuſt Eueſque.

Auſſi qu'il repreſente la perſonne du Roy en beaucoup de collations: tellemét que leſdits Chanoines ſont pour vſer icy des termes de S. Ignace, σύστημα ἱερὸν, σύκϐϑλοιτε, ᶄ συνεδρίται τϑ Ἐπισκόπου, ainſi meſme qu'ils ſont appelez au Canon, *videntes 12. quæſt. 1. Can. placuit 12. quæſt. 2.*

Et de vray, depuis l'an 779. que les Chanoines commencerent de s'introduire és Egliſes: (car auparauant ce n'eſtoiét que Moines, & leurs Doyens eſtoient appellez Abbez, ainſi qu'il eſt vulgaire par les Chartres anciennes) Touſiours ils ont eſté reputez tenir rang de dignité eminéte en l'Egliſe. Tellement que ce ſeroit choſe indecente de leur vouloir enuier des priuileges que l'on accorde à leurs infericurs, *Can. rogamus 24. quæst. 1. tota causa 26. quæst. 6.*

Aussi le glossateur de la Pragmatique, qui a fait vn denombrement des priuileges & exemptions de la Saincte Chappelle, *tit. Qualiter horæ dicendæ sint extra chorum*: ne faict aucune difference entre les Chanoines, Chantres, & Chappellains: lesquels il appelle indifferemment *Clericos familiares, & domesticos Regis.*

Ains entre autres prerogatiues dit, que le Pape Pie II. estant à Mantoüe, leur auroit concedé, *vt percipiant grossos fructus beneficiorum, & præbendarum suarum integraliter, tanquam si residerent in eisdem, nonobstante quod non fecerint primam residentiam requisitam, ex statuto Ecclesiæ. Imo, & posse conferre beneficia nonobstantibus statutis Ecclesiarum quibus est derogatum.*

Et bien que par les Edicts de l'an 1554. & 1567. les Roys Henry II. & Charles IX. y ayent voulu apporter quelque modification pour le nombre des priuileges.

Sçauoir: qu'és Eglises Collegiales n'estans de fondation ne collation Royale, n'y en pourroit auoir que deux: qu'és E-

glifes de fondation Royalle n'y en pourroit auoir que quatre, (fauf s'il y auoit plus
de 40. prebendes) auquel cas y en pourroit auoir iufques au nombre de fix, &
que les Chapitres ne feroient tenus en receuoir d'auantage.

Suppofé auffi que par l'Edict de Me-
lun article 7. on ait voulu reftraindre l'exemption defdits de la fainéte CHAPPELLE
& ORATOIRE du Roy, aux fimples trois
mois de leur feruice: autrement fi apres i-
ceuxpaffez ils ne fe tranfportoiét fur leurs
benefices ils ne gaigneroient franc.

Toutesfois lefdits de la fainéte Chappelle, Chantres & Clercs de l'Oratoire,
ayans obtenu en 1581. des patentes con-
firmatiues de leurs anciens priuileges, &
derogatoires aux patentes, & ordonnan-
ces modernes que deffus.

La Cour en 1582. nonobftant l'oppo-
fition du Clergé de France, auroit verifié
lefdittes lettres, auec charge feulement
aufdits priuilegez de rapporter certificat
de leur *feruiui* au Chappitres de leurs E-
glifes.

Et pour le furplus auroit ordonné que

leurs anciens priuileges, & arrefts tien-
droient, qui eftoient pour le gain entier
des gros fruicts, auec l'exemptiõ de refidence au nombre limité par les derniers
Edicts.

Or quant à ce dernier poinct, les defendeurs demeurent d'accord que leur
Eglife eft fondee de foixante & douze
Chanoines, felon le nombre des 72. dif-
ciples de noftre Seigneur.

Donc ils doiuent receuoir fix priuilegez de la Chappelle du Roy. Neãtmoins
n'y a qu'vn nommé de Rennes Aumof-
nier d'iceluy, ledit Guillemin Chanoine
de la fainte Chappelle, & vn nommé Laboureau, Chappellain de la Chappelle du
Roy, que lefdits de Chappitre ont voulu
exempter au preiudice dudit Guillemin,
& pour f'en preualoir à l'encontre de luy:
encores qu'ils fuffent affignez auparauãt
que ledit Laboureau leur euft fait aucune
demande à caufe de fes priuileges.

Ce qui fe void par les actes de leur Chapitre, produicts en l'inftance dudit demã-
deur, qui eft par ce moyen plus fauorable, eftant le fecond qui f'eft prefenté en

leur compagnie priuilegié, & le premier,
& seul qui soit Chanoine de la saincte
Chappelle.

Et quant à ce qu'ils disent qu'ils ont
d'autres priuilegez. Premierement on
leur desnie qu'ils soient au nombre de six
par eux exaggeré.

Secondement, quand ils le seroient,
que non: pourquoy lesdits de Chappitre
les ont-ils receus : car ils n'estoient obli-
gez à en admettre plus qu'au desir dudit
Arrest? & le Brocard vulgaire dict, *turpius
hospitem eÿci quàm non admitti.*

Mais vient à considerer, que les Edicts,
& Arrests prealleguez parlans des priuilegez, s'entédent seulement desdits Clercs
de l'Oratoire, qui doiuent estre receus ius-
ques au nombre de six : Non que l'on
doiue accumuler le pretédu nombre des
autres à leur preiudice, *l. 12. §. vlt. ff. de iu-
risdict. l. vlt. §. vlt. C. de appell.*

Or comme dit est, n'y a que ledit Guillemin, & ledit de Rennes de priuilegez
entre ceux de la saincte Chappelle & O-
ratoire : partant ne se peuuent lesdits de
Chapitre plaindre d'aucun excez pour
ce regard.

Tellement que lediƈt Guillemin demeure és termes des Arrests, qui ont adiugé les gros fruiƈts à ceux de sa condition, nonobstant leur pretendu deffaut de residence.

Comme l'Arest de l'an 1572. pour l'Huillier, Chantre & Chanoine de la sainƈte Chappelle, contre le Chappitre de Meaux.

Arrest de l'an 1575. pour le Vasseur, côtre le Chapitre d'Abbeuille.

Arrest de l'an 1585. contre le mesme Chapitre, pour M. Didier l'Eschenet, Chanoine de la sainƈte Chappelle.

Arrest pour Morin contre le Chapitre de Sens : pour M. Leonard Bourfault, & plusieurs autres, plus croyables à cause de leur apparente equité, que necessaires à dire ou à escrire.

Ne militant pour lesdits de Chapitre, d'obieƈter qu'ils n'ont esté donnez auec eux. Car la raison y est semblable, *&* *mutato nomine de te fabula narratur.*

Aussi que ce sont Arrests donnez *super statu : quæ faciant ius quoad omnes l. ingenuum ff. de statu hominum.*

Consi-

Confideré mefmement que lefdits de Chapitre ne rapportent rien de particulier au contraire: ains deux ou trois bulles portans contrainéte de refidence, & pretendues iurees par tous les Chanoines deChartres à leur reception.

Car les bulles prealleguees pour lefdits de la fainéte Chappelle: ont derogé à toutes conftitutions & couftumes contraires, auec difpence du ferment fait à ladite reception de les garder & entretenir.

N'eftans confiderables les pretendus ftatuts qu'ils difent auoir faiéts pour les diftributions de ladite Eglife, l'vne qu'ils appellent Lamproye, l'autre Collocatiõ, Etiquettes & chofes femblables.

Car il ne leur a efté permis de faire aucuns ftatuts, mefmement, veu qu'ils ne font homologuez par le fainét Siege, *cap. conftitutionem §. cæterum, de verborum fign. in 6.cap.1.de iureiur.in 6.*

Et fpecialement au preiudice de l'ufance commune qui ne recongnoift que deux fortes de deftributions,les manuelles & le gros.

G

Les diſtributions manuelles, appellees par ſainct Cyprian *alimenta ſportulantium fratrum*, & par le droict Oriental ἀδελφατὰ τῶν σιτρησίων, *victualia* par le chapitre *licet de preb.* & par le chapitre *de cæteris*, *de Clericis non reſident.*

Et les gros fruicts qui ſe gaignent ſans aſſiſtance par les priuilegez, comme Senateurs, Chappellains ou Chanoines de la ſaincte Chappelle, Eſcoliers & autres, *cap. poſtulaſti extr. de Præb. & dignit.*

La verité eſt bien, ce que toutesfois leſdicts de Chapitre n'alleguẽt pas : qu'Iuon Eueſque de Chartres, recognoiſt en ſo Epiſtre 75. auoir inſtitué le pain de Chapitre en ladite Egliſe, *vt de negligentibus faceret diligentes, de ſomnolentis vigiles, & de tardis, aſſuetos ad frequentandas horas canonicas.*

Neantmoins pour ce que c'eſtoit vne nouuelleté qu'il auoit introduicte en ladite Egliſe : il eut bien de la peine à ſ'en excuſer enuers le Pape Paſchal, duquel il n'auoit preallablement requis le conſentement.

Comment donc pourroit valloir ce

qu'ont faict lesdits Chanoines contre l'obseruance commune de toutes les Eglises de ce Royaume , ou plus grand part d'icelles?

Tant y a que le Demandeur ne pretend rien aux distributions manuelles, ains seulemét aux gros fruicts de sa Chanoinie & Prebende: lesquels ils ont d'autant plus de tort de luy retenir , qu'ils recognoissent que son oncle, tant qu'il a esté Chanoine , leur a faict ceste grace, pource qu'il auoit d'autres moyens , que de ne leur en auoir iamais rien voulu demander.

Ioint que si pendant qu'iceluy Demandeur a esté priuilegié à cause de ses estudes, ils ne luy en ont faict refus: pourquoy auiourd'huy qu'il est assisté d'vn plus fort priuilege? Ainsi le Demandeur doibt estre ouy d'oreille propice, leur demandant ce qui luy appartient.

Consideré que par les bulles, chartres, patentes & Arrests que dessus, faisant seruice à la saincte Chappelle , il est reputé par affection & communication le faire à ladite Eglise de Chartres, qui n'a

les yeux leuez, & les vœux deſtinez qu'à
prier Dieu de loing pour le Roy, comme
il le prie proche de ſa perſonne.

Que c'eſt vn priuilege octroyé à la cõ-
pagnie en laquelle il a ceſt honneur que
de tenir quelque rang mediocre.Partant
puiſque S. Loys meſme a faict vne pa-
tente pour la conſeruation des franchi-
ſes des Egliſes:celle-cy ne doibt eſtre par
luy negligee:nonobſtant l'affection qu'il
porte auſſi à l'Egliſe deChartres:mais qui
doibt ceder à celle, qui l'oblige à reſider
au lieu auquel il peut aùec plus de ſplendeur & deuotion,prier Dieu pour la pro-
ſperité du Royaume , & ſanté de ſon
Prince.

Si conclud & demande deſpens.

SEB. ROVLLIARD,

REMONSTRANCE
AV ROY,

Pour les Maistres, Chantres, Chanoi-
ne & Officiers de sa Chappelle.

IRE,
Comme L'vn des A-
thletes olympiques, vo-
yant que ses compa-
gnons taschoient par
enuie, a luy oster l'hon-
neur du prix qu'il s'estoit iustement ac-
quis par ses merites : fut contrainct d'en
grauer la plaincte aux pieds d'vne statue,
qu'il fit eriger deuant le temple de Iupi-
piter Olympien : afin de tesmoigner à la
posterité, le debuoir auquel il s'estoit mis,
pour empescher que telle entreprise ne
fust faicte, au preiudice de luy ny de tout
son païs.

Ainſi les Maiſtres Chantres, Chanoines & officiers de voſtre Chappelle, ſe-
ſtans puis peu de iours apperceus, que
par vne ambitieuſe ialouſie, les Choriſtes
des Egliſes Cathedrales & collegiales de
voſtre Royaume, notamment de voſtre
ville de Paris, & autres eſquelles plaiſt
quelquesfois a voſtre Majeſté ſe tráſpor-
ter ſelon ſa deuotion : ne leur vouloient
ſouffrir la pleine & entiere ioüiſſance des
priuileges preeminences & prerogatiues, que la preſence de voſtre dicte Majeſté leur attribue, comme au reſte du
corps des officiers de ſa Cour, qui font a
leur venue ceſſer tout exercice de pareille profeſſion.

Pour cete cauſe, force leur auroit eſté
de vous en faire ouir la querimonie, &
d'en preſenter le libelle aux pieds de voſtre Majeſté : non qu'il ne leur ſoit fort
grief de la diſtraire de ſes occupations
plus importantes & ſerieuſes, pour la
prier d'entendre a cet affaire : mais pource que l'exigence du cas le requiert : &
que leur debuoir ſemble les y ſemondre:
afin qu'il ne leur puiſſe eſtre imputé, que

laiſſants vilipéder leurs charges, ils aient
auſſi ſouffert la diminution de l'honneur
qui naturellement accompagne ceux de
voſtre ſeruice.

Tellement que ſi le Roy des Perſes eut
autresfois ſubiet de ſe meſcontenter
d'vn grád perſonnage de ſa Cour, nómé
Oribazus: de ce que l'aiát enuoié en Am-
baſſade par deuers Sylla dictateur Romain, il auoit failly a prédre place digne
de la qualité de ſon maiſtre & ſeigneur.

Vos dicts Chantres & officiers de
Chappelle eſperent au contraire que voſtre dicte Majeſté aura d'autant plus d'occaſion de prendre en gré cete pourſuite:
qu'elle ne tend qu'a conſeruer le rang, le
grade & la preſſeance de ceux qu'il luy
plaiſt illuminer de ſes raions : ne plus ne
moins que les corps qui tombét du ciel,
ores qu'ils n'aient rien de ſplendeur dedans ſoi , reçoiuent toutesfois quelque
forme d'eſclair, par la reflexion du feu e-
lementaire.

Et delà uient : que de la meſme façon
que les grands luminaires celeſtes a leur
leuer fôt obſcurcir les moindres: ainſi les

officiers domeſtiques de voſtre Majeſté, quelque part qu'ils arriuent à la ſuite d'icelle, enEgliſe ou ailleurs: emportent incontinant le deſſus des manſionaires & habituez du lieu ou laCour eſt, prennent auſſi toſt l'authorité de leur faire poſer les maſſes & chapes bas, ou pluſtoſt leur eſt-ce pouuoir deferé par forme d'vne demiſſion volontaire:& en vertu de cete loy naturelle, qui veut que les creatures inferieures, cedent ſans contredit a leurs ſuperieures.

Specialement pour ne denombrer par le menu tous lesofficiers ordinaires de voſtre dicte Majeſté, &iuſques aux Archers de ſa garde, qui arriuez en vn chœur d'Egliſe font a l'inſtant eſuanouir les Bedeaux, ſacriſtains & cheueciers d'icelles: vos dicts Chantres pretendent eſtre en poſſeſſion immemorialle & en laquelle leurs predeceſſeurs ſe font iuſqu'a huy maintenus, de tenir le chœur de l'Egliſe, en laquelle il vous plaiſt oüir le diuin ſeruice:meſmes en celle de Paris: d'y battre la meſure par la main du Maiſtre de voſtre dicte Chappelle, entonner & Pſalmo-

modier, sans qu'a aucun autre appartien-
ne d'y rien entreprendre pardessus eux,
ny de s'immiscer en leur compagnie : si
ce n'est ou par le commandement ex-
prez de vostre Majesté , ou de leur bon
gré, aueu, & consentement.

Soustiennent en outre estre en posses-
sion, dont ny ha memoire du contraire:
qu'en toutes processions soleonelles aus-
quelles plaist a vostre Majesté d'assister:
vosdicts officiers de chappelle, marchent
apres les Suisses de vostre garde, auec le
corps de vostre dicte Cour, faisant par
eux vn corps separé de tous les autres Ecclesiastiques qui marchent deuant : & a-
uec lesquels ils n'ont non plus rien de cō-
mun, que les Seigneurs & officiers de vostre dicte Cour , auec le reste du peuple.

La preuue de cet ordre iusqu'a huy demeuré inuiolable, ne peut estre faicte par
aucun instrument plus authentique, que
par les memoires du feu sieur du Tillet:
qui a esté d'autant plus soigneux de recueillir & rechercher ce qui concernoit
telles presseances : que les archiues de la

H

Cour, qu’il auroit toufiours eu en main pendant fa vie, luy en pouuoir bailler de certitude.

En fes Memoires donc, parlant de la forme de marcher en proceffion, fpecialement le iour & fefte du fainct Sacremét inftituee par le Pape Vrbain 4. l’an 1264. pour d’auantage imprimer la veneration d’iceluy aux ames des fidelles : ledit fieur du Tillet dit.

,, Qu’en premier lieu le Clergé ira de
,,uant :

,, Apres marcheront ceux de Noftreda
,,me & le Recteur, fcauoir ceux de Noftre
,,dame a main droicte deux a deux, & le
,,recteur & vniuerfité a main feneftre auffi
,,deux a deux :

,, Apres marcheront ceux de la fainéte
,,Chappelle du Palais, auec ceux de la cha
,,pelle du Roy, les hautsbois & facquebu
,,tes deuant :

,, Puis les Euefques, Cardinaux, & fa
,,Majefté feule aupres du *corpus Domini.*

Lequel ordre & departement, comme il n’y a lieu de doubter, qu’il n’ait efté inftitué de long temps auec grande co-

gnoiſſance de cauſe : & de treſ-eſtroictes
ceremonies : auſſi croient les officiers de
voſtre dicte Chappelle, que les Chantres
& Prebendez de l'Egliſe de paris , ont
d'autãt plus de tort de le vouloir auiour-
d'huy renuerſer : qu'il ſemble auoir eſté
pris ſur le modele de l'ordre gardé en la
proceſſion de l'Arche d'alliance , a laquelle ceſte proceſſion du ſainct Sacre-
ment ſemble eſtre rapportee.

Car l'eſcripture ſaincte, inſpiree de cet
eſprit, au ſeul ſouffle duquel ſe rangent
toutes les Hierarchies celeſtes : & qui pro-
duict en l'Egliſe militante l'Eutaxie , &
bienſeance d'ordre , qui la rend admira-
ble en toutes ſes parties : venant a parler
au premier des Paralipomenes, chapitre
x v. & x v i. de la proceſſion ſolennelle
qui fut faite par Dauid le bien-aimé de
Dieu, pour le rapport de l'arche : Elle dict
que les Sacrificateurs & Leuites mar-
choient deuant, puis les Chantres de la
Muſique, auec Chonenias leur maiſtre,
les ſuiuoyent de rang, proche & tout at-
tenant du Roy Dauid.

La meſme eſcripture ſaincte, au chapi-

tre xxv. dudict premier des Paralipomenes , parlant du departement defdicts
Chantres faict par le mefme Dauid : dict
qu'il choifit les fils d'Afaph pour pro-
phetifer, c'eft a dire, pour ioüer des cym-
bales, des Harpes & autres inftrumens
de mufique : tous foubs la main d'vn
Maiftre qui prophetizeroit, c'eft a dire,
(fuiuant le double fens de la diction Hebraique) qui chanteroit aupres du Roy:
ce qui demonftre que foit aux procef-
fions, ou dans le Tabernacle, les Chan-
rres auoient toufiours leur departement
aupres de la perfonne de fa Majefté.

Et quand il ne f'en trouueroit aucun
exéple, ny dás les tefmoignages de l'Antiquité, ny dedans nos regiftres : fi eft-ce
que toufiours par droict de bienfeance,
voftre Majefté auroit aggreable de l'or-
donner ainfi. Car vosdits Officiers &
Chantres de Chappelle font refidence
perpetuelle en voftre Cour: & pour rai-
fon de ce feruice qu'ils vous rendent, le
Pape Clement fixiefme entre autres priuileges qu'il fe trouue leur auoir octroiez,
leur auroit permis de gaigner francs les

fruicts de leurs benefices, fans eftre tenus
d'y refider tant&fi longuement qu'ils fe-
ront àvoftre feruice.

Si donc ledit Pape Clementfixiefme
a pré-iugé par ledict indult qu'il enuoia
au Roy Iean l'vn de voz deuanciers y a
plus de trois cens ans que vofdicts Chantres faifoient vn membre infeparable du
corps de voftre dicte Cour : lefdicts
Chantres & Prebendez de l'Eglife de
Paris, fe trouueront fauue la reuerēce de
voftre Majefté, mal fondez a les en vouloir def-vnir & defmembrer, pour fe ie-
cter a la trauerfe : d'autant mefmes que la
loy reprouue le partage qui fe faict, quãd
on fepare les peres des efclaues affran-
chis, d'auec leurs enfans : & que lefdicts
Chantres vous recongnoiffans, & pour
pere de la patrie, & pour leur pere particulier, puis qu'ils ont cet honneur que
d'eftre nourris & alimentez de voftre li-
beralité : ce feroit chofe dure qu'ils fuffent retranchez du chef, duquel ils reçoiuent & leur eftre & leur vie.

Veu mefmes que fi au rapport deChaf-
fanee en fon Catalogue de la gloire du

monde partie 12.conclusion 63.la Chappelle du Duc de Bourgongne, auoit de si
beaux priuileges de son temps, que le Su-
perieur d'icelle precedoit aux proceßiós
solennelles les Abbez de sainct Benigne
& sainct Estienne de Dijon , bien que ce
soyent Prelats de grande authorité audit lieu.

Il y ha bien plus de raison, que les officiers de vostre dicte Chappelle, qui fōt
vn corps commun auec celle qui merite
seule d'estre appelleeSaincte, & qui à esté
fondee y ha pres de quatre cens ans, non
par vn simple Duc de Bourgongne:mais
par vn grand Roy de France, & encores
par vn Roy canonizé entre les Saincts:
emportent pareille prerogatiue par dessus tous les autres corpsdu clergé de cete
ville,& notamment celuy de Nostre dame, qui n'a iamais eu sur eux cete prec-
minence.

Auquel propos peut estre proprement
adapté ce qu'escript Tacite au 3. de ses
Annales : que comme Apronius eust e-
sté d'aduis que les prestres Fœciaux eus-
sent la surintendance des ieux decernez

en l'honneur d'Auguſte : l'Empereur y
contredict: par la diſtinction qu'il fit des
droicts des vns & des autres : & ſur ce
qu'il trouua que c'eſtoit choſe ſans exem
ple:pource que les preſtres Fœciaux n'a-
uoyent onc pretendu cete prerogatiue.

De meſmes,que l'on peut dire au fait
qui ſ'offre,que ce ſeroit choſe ſans exem-
ples que leſdicts Châtres & Prebendez de
l'Egliſe de Paris , euſſent onc la preſſeance ou principal grade par deſſus les
Maiſtres,Chanoines & Chappellains de
voſtre oratoire , qui ont leurs droicts
d'honneur diſtinguez d'auec eux : &
beaucoup plus excellens : pource qu'ils
empruntent leur ſplendeur des rayons
du Soleil, duquel ilsapprochent de plus
pres.

Car cete approche au dire de Caſſiodore, eſt l'vn des plus grands honneurs,
que puiſſe receuoir vn ſubiect de ſon Roi:
voires qu'en l'Eſcripture ſaincte liure 3.
d'Eſdras,chapitre 4.nous voions que par
les meurs des Perſes, le comble de gloire
eſtoit de ſeoir aupres du Roy.

Tellement que si domestiquement vosdiﬅs Chantres ſont touſiours ſi proches des oreilles de voﬅre Majeﬅé : le meſme honneur ne leur peut eﬅre enuié aux aﬅes publics & proceſſions ſolennelles:puiſque le prophete EſaieChap. 6. & ſainﬁ Iean en ſon Apocalypſe chap. 14. & 15. rapportent auoir veu les Seraphins , Anges & Archanges , aupres du Throſne, & es enuirõs de l'Agneau, tous chantans & beniſſans le nom de Dieu, auec toutes ſortes de muſiques & inﬅruments.

Que ſi leſdiﬅs Chantres &prebendez de l'Egliſe de Paris , veulent mettre en auant: qu'eﬅans aupres de voﬅre Majeﬅé ils pourront faire pareille melodie que voſdiﬅs chantres : outre qu'a leſpreuue ils ſe pourroient peut eﬅre trouuer manques:La reſponſe eﬅ que ſans entrer en comparaiſon , il eﬅ mieux ſeant & plus raiſonnable qu'en vn aﬅe tout Royal, ne ſy entende autre muſique que laRoyale: conſideré meſmement qu'a pareille occaſion , Dauid quelque grand Roy qu'il fuﬅ, ne penſa point denigrer ſon authorité

rité, que de mettre la main à ſa harpe
Royalle, pour châter deſſus les loüanges
de Dieu tout Royallement.

Comme de vray , la bien-ſeance ha
beaucoup de grace & d'ornemét, quand
on la ſcait garder à propos, ſeló le temps
& le lieu : Tout ainſi que l'Architecte ne
met pas deuant tout œuure, le marbre
Attique ou Lacedemonien: Ny le Pein-
tre ne donne pas la principalle place de
ſa peinture à la couleur qui eſt la plus ri-
che : Ny le Charpentier n'employe pas
deuant tout autre bois, le Pin du Pelo-
ponneſſe ou le Cyprez deCandie , ains
regarde a diſpoſer le tout ſelon la bien-
ſeance.

Et de meſme peut on dire, qu'encores
que lesChantres & Prebendez de l'Egliſe de Paris , facent vn grand corps & venerable: neantmoins ce n'eſt pas pour en
inferer qu'il doiue auoir la preſſeance
par tout : mais qu'il eſt plus ſeant en vne
proceſſion Royalle, que les officiers de
voſtre Chappelle emportent le deſſus,
eux qui marchent ſons l'aile de móſieur
le grand Aulmoſnier , vray Curé de vo-

ftre Majeſté, & Eueſque de voſtre Cour:
lequel ſeul ils recongnoiſſent en tels a-
ctes, & non Monſieur de Paris, ny autres
de ſes ſuppoſts.

Eux qui peuuent dire auec Sainct Au-
guſtin, que les corps qui ſe veullent preualoir ou de premiere ou de plus ancienne fondation doiuent ceder a ceux qui
ont quelque choſe de ſouueraineté.
Car comme les plus anciens ont la prerogatiue du temps, les autres ont auſſi la
preeminence de la dignité, qui eſt plus
forte & de plus grand merite.

Cela ſe recógnoiſt iuſques aux moindres officiers de voſtre Majeſté, qui ſont
reputez par les Docteurs auoir vn grade
honorifique, en ce ſeulement qu'ils ont
cet auantage que de vous faire ſeruice.

Combien donc a plus forte raiſon vos
Chantres? qui font profeſſion pres de vo
ſtre Majeſté de la plus ancienne, plus no-
ble, plus excellente, plus aggreable, &
meritoire ſcience qui ſe puiſſe dire n'y au
Ciel ny en la Terre? Au Ciel puis qu'elle
y eſt exercee par les Cherubins Seraphins, Anges, Archãges, Throſnes & do-

minations, & en Terre: ou l'Eglise militante l'a si pretieusement receüe & authori-
sée, pour y chanter incessamment les
louanges de Dieu.

Consideré pour la fin qu'il y a subiect
de dire, que ce n'est chose sans exemple,
que les officiers & Chátres de l'Eglise de
Paris, cedent & quittent le chœur d'icelle aux Ecclesiastiques de dignité plus e-
minente, & leurs superieurs.

Attendu qu'Aimon le moine l'vn des
Historiens de vostre France, rapporte sur
la fin de son cinquiesme liure, que quand
le Roy Louis le ieune espousa dans ladite Eglise, Alix fille du Conte de Blois, &
que ladicte Alix y fut pareillement be-
niste & couronnee: ce fut monsieur l'Archeuesque de Sens , comme primat &
Metropolitain du Diocese, qui celebra le
Diuin seruice, l'Archediacre de Sens qui
chanta l'Euangile, vn Chanoine du mesme lieu, qui prononça l'Epistre, & le Pré-
chantre dudict Sens, qui tint le chœur &
chant, tant dedans que dehors l'Eglise à
la procession : sans que l'Euesque , Chanoines, & Chantres de Paris y apporta-

9 782329 562636